L'AUTOMATE,

COMÉDIE

EN UN ACTE, MÉLÉE D'ARIETTES;

Par M. CUINET DORBEIL,

MUSIQUE DE M. RIGEL.

Représentée par les Comédiens Italiens,
le 20 Août 1781.

A PARIS,

Chez Thomas BRUNET, Libraire, rue Mauconseil,
à côté de la Comédie Italienne.

M. DCC. LXXXI.

ACTEURS.

ALADIN, *antiquaire amoureux de Julie.* M. Narbonne.

JULIE , *pupile d'Aladin.* Mlle Dufayel.

S^T. CIR , *Amant de Julie.* M. Michu.

FLORINA , *Gouvernante.* Mde Gonthier.

M. LE JUSTE, *Notaire.* M. Roziere.

GRATTOIR, *ſon Clerc.* M. Chevalier.

LA VIOLETTE , *valet de St. Cir, cru machiniſte.*

M. Trial.

Un petit Garçon.

La Scene eſt en Eſpagne, dans la maiſon d'Aladin.

L'AUTOMATE,
COMÉDIE.

Le Théatre repréſente le cabinet d'un antiquaire : on y voit quantité de tableaux, de médailles, de ſtatues ; des globes, des ſpheres, &c. Aladin eſt aſſis auprès d'une table ; il conſidere une médaille qu'il tient dans ſes mains, & dit....

SCENE PREMIERE.

ALADIN.

JE ne peux pas déchiffrer la date de cette médaille... C'eſt pourtant le buſte d'un Empereur Chinois.... Voyons : elle eſt de... trois.... je crois que c'eſt un cinq.

AIR.

Non parbleu c'eſt un trois,
Et c'eſt bien là le buſte
D'un Empereur Chinois.
Non... ce n'eſt pas un trois...

Et c'eſt un cinq je crois...
Mais c'eſt bien là le buſte
D'un Empereur Chinois.
Mais voyons donc. — Tout juſte.
C'eſt un cinq... Oui, ma foi,
Avec un un, un trois.
Et c'eſt bien là le buſte
D'un Empereur Chinois.

SCENE II.

FLORINA, ALADIN, *conſidérant toujours ſa médaille.*

FLORINA.

Hé bien, Seigneur, vous ne ſortez pas ; vous êtes donc toujours avec vos ſtatues & vos médailles? Ah! le pauvre homme!

ALADIN, *ſans l'écouter.*

Trois... non, cinq... un, trois... oh! ma foi, je m'y perds.

FLORINA.

Seigneur, m'entendez - vous ?

ALADIN.

Eh bien, que voulez-vous ? laiſſez-moi, laiſſez-moi : cette médaille m'embarraſſe aſſez ; il y a une heure que je ſuis à chercher ſa date. Je vous ai appris à connoître les nombres Chinois : voyez, vous qui avez de bons yeux, dites-moi, eſt-ce-là un cinq ou un trois ?

FLORINA.

Eh ! Monsieur, c'est un trois.

ALADIN.

Comment, ce n'est pas un cinq ?

FLORINA.

Non, vous dis-je, c'est un trois, un un & un trois.

ALADIN.

C'est donc ce que je disois, cela fait trois cent-treize.

FLORINA.

Tout juste.

ALADIN.

Et ce nom - là, pouvez - vous le lire ?

FLORINA.

Voyons : Ki... Ko... Kan... je ne peux pas le lire. Mais, croyez-moi, Seigneur, laiſſez cela. On vend aujourd'hui des tableaux : allez - y faire un tour.

ALADIN.

Sais - tu qui les fait vendre ?

FLORINA.

Non, Seigneur ; mais on dit qu'il y a des morceaux curieux : ne perdez pas de tems, allez-y.

ALADIN.

Tu as raiſon, quelqu'un pourroit les acheter : ma canne, vîte. En revenant, je paſſerai chez mon No-taire, & je l'amenerai ; car c'est ce ſoir que je prétends ſigner mon contrat avec Julie.

A iij

FLORINA.

Ce soir ! cela est bien prompt.

ALADIN.

Oui, oui, ce soir, pour ôter toute espérance à ce jeune Saint-Cir, qui me fatigue à force de passer & repasser devant ma porte.

FLORINA.

Vous voulez rire.

ALADIN.

D U O.

Je jure que demain ,
Ma petite Julie ,
Le charme de ma vie,
Me donnera la main.
 Oh ! qu'avec elle ,
Je m'en vais être heureux !
 Elle est si belle !
Elle a de si beaux yeux !
 Oh ! qu'avec elle,
Je m'en vais être heureux !

FLORINA.

Je ne crois pas cela,
Et ce seroit dommage...

ALADIN.

Que dites-vous donc là ?

FLORINA.

Que Julie à son âge...

ALADIN.

Vous dites qu'à son âge ?

FLORINA.

On fuit un vieux barbon,

Et qu'un jeune garçon,
Flatte bien davantage.

ALADIN.

Modérez votre ton.

FLORINA.

Fi, c'est un radotage.

ALADIN.

Mais, voyez ce démon!

ENSEMBLE.

FLORINA.	ALADIN.
Fi ! c'est un radotage.	Cessez ce verbiage,
C'est un joli garçon	Modérez votre ton,
Qu'il lui faut à son âge,	Et sachez qu'à mon âge,
Et non pas un barbon.	On vaut bien un tendron.

ALADIN.

Vous ne savez ce que vous dîtes, & je suis trop bon de vous écouter ; je m'en vais : s'il vient quelqu'un, vous aurez soin de ne pas le laisser entrer, & d'enfermer Julie ; m'entendez-vous ?

FLORINA.

Allez, Seigneur, vous serez content.

ALADIN.

J'y compte. (*A part en s'en allant.*) Je me méfie de ce jeune freluquet de Saint-Cir, & je crois que la coquine est dans ses intérêts.

SCENE III.

FLORINA.

ALLEZ, vous pouvez vous en rapporter à moi ; il n'eſt rien que je ne faſſe pour la ſouſtraire à vos pourſuites, &, grace à votre crédulité, cela ne me fera pas difficile. Non, Seigneur Aladin, non, votre goût pour les antiquailles ne ſympathiſe point avec le nôtre. Si le démon de l'hymen vous poſſede, choiſiſſez parmi vos médailles le portrait de votre compagne, à la bonne heure ; mais, ma Julie !...

SCENE IV.

JULIE, FLORINA.

JULIE.

AH ! vous voilà, ma Bonne.

FLORINA.

Venez, venez, Mademoiſelle, votre Tuteur vient de ſortir. Nous pouvons librement parler. Ecoutez: feriez-vous bien aiſe ſi l'on vous marioit demain?

JULIE.

Ah ! oui, ſi c'étoit avec Saint-Cir.

FLORINA.

Mais ſi c'étoit avec un autre ? Si, par exemple, votre Tuteur perſiſtoit à vouloir vous épouſer ?

JULIE.

Aladin ! ô ciel ! que dites-vous là ?

FLORINA.

Le Notaire doit aujourd'hui paſſer votre **contrat**
avec lui ; mais, ne vous alarmez pas, je trouverai
le moyen d'empêcher ce mariage.

JULIE.

Que je ſuis malheureuſe ! Je me donnerai la mort
plutôt que d'être à lui. Le cruel m'a fait aſſez gémir
depuis que je ſuis ſous ſa tutelle. Ah ! ſi Saint-Cir
ſavoit ſon deſſein ! Il m'avoit promis de m'arracher
à l'eſclavage, s'il pouvoit imaginer quelque ſtrata-
gême....

ARIETTE.

Pauvre Saint-Cir,
Tout mon deſir
Eſt d'être heureuſe
Auprès de toi.
Arrache - moi
L'idée affreuſe
Qui me glace le cœur d'effroi,
Et que ton ame généreuſe,
Par une ruſe ingénieuſe,
De mon tuteur trompe l'eſpoir.
Où ta Julie,
Au déſeſpoir,
Va renoncer à la vie.

Ah, ma Bonne, employez toutes vos reſſources
pour m'arracher à ce tyran : je vais tâcher de faire
parvenir une lettre à Saint-Cir....

FLORINA.

Silence. J'entends du bruit. Oh! nous sommes perdues! C'est votre Tuteur, qui revient sûrement avec le Notaire.

SCENE V.

LA VIOLETTE (1), FLORINA, JULIE.

LA VIOLETTE, *posant sa caisse.*

Bon jour, Mesdames, bon jour; le Seigneur Aladin y est-il?

FLORINA.

Non, Monsieur, il est sorti. Il m'a même ordonné de ne laisser entrer personne. Mais, que lui voulez-vous?

LA VIOLETTE.

Ce que je lui veux?

FLORINA.

Oui. Et que portez-vous dans cette grande boîte? c'est de la marchandise, apparemment.

LA VIOLETTE.

Oui, Madame, pour femme.

FLORINA.

Pour femme? & de quelle espece? peut-on voir?

---

(1) Déguisé en Machiniste ou Charlatan, portant Saint-Cir dans une caisse ou pannier, où il est en domino avec un masque, & un petit casque sur la tête.

LA VIOLETTE.

C'eſt un homme.

FLORINA.

Quoi ! vous oſez porter ici un homme enfermé dans une boîte !

LA VIOLETTE.

Raſſurez-vous : nous n'avons aucune envie de vous faire du mal ; ce n'eſt qu'un automate. Je ſais que le Seigneur Aladin eſt curieux de ces ſortes de pieces, & je viens le lui préſenter : on n'a point encore vu ſon ſemblable.

FLORINA.

Oh ! ſi ce n'eſt qu'un automate, nous ne riſquons rien.

JULIE, *d'un air enfantin.*

C'eſt curieux, un automate ! Aladin en avoit un jadis : autant que je peux me le rappeller, cela remue les jambes & les bras, n'eſt-ce pas ?

LA VIOLETTE.

(*A part*). Amuſons-nous de ſon ingénuité. (*Haut*). Oui, ma belle enfant. Mais le mien eſt une piece unique ; il parle, agit & fait des choſes ſurprenantes ; il eſt même un peu ſorcier, & prédit ce qui doit arriver.

AIR.

Par le pouvoir de ſon art,
Il devine qu'un vieillard
Perſécute une poulette ;
Mais il fait que la pauvrette,
Pour le plus ſincere amant,
Brûle d'un feu très-conſtant.

JULIE.

Que viens-je d'entendre? Ah! Monsieur, permettez que je l'interroge.

LA VIOLETTE.

Ah! comme vous prenez feu! un moment.

> N'allez pas le tracasser,
> Gardez-vous de le presser,
> Par fois, il aime à se taire.
> Jeune fille est téméraire,
> Si l'on croyoit ses caquêts
> On ne finiroit jamais.

JULIE.

Mais, au moins, pourra-t-il m'apprendre?...

LA VIOLETTE.

Quoi?

JULIE.

Si je serai bientôt mariée.

LA VIOLETTE.

Tenez, tirez ce rideau, vous l'interrogerez.

JULIE.

Ma Bonne, tirez-le vous-même, j'ai peur.

FLORINA.

Que vous êtes enfant! vous avez peur d'une machine? ôtez-vous de là: je veux aussi l'interroger. (*Elle tire le rideau*).

JULIE, *jettant un petit cri de frayeur.*

Ahi!... laissez-moi lui parler la premiere.

FLORINA.

Hé bien, allons, questionnons-le.

LA VIOLETTE.

Attendez, Mademoiselle ; pour qu'il puisse parler, il faut que je touche le grand ressort, il répondra pour lors à toutes vos questions ; il chantera même si vous le desirez. (*La Violette fait semblant de tirer des cordons à côté de la caisse*). Cela est fait, vous pouvez lui parler.

QUATUOR.

JULIE, *tremblante.*

Mon... Mon...sieur l'automate.

St. CIR.

Julie !

JULIE, *à Florina.*

Il sait mon nom !

FLORINA.

Ah ! que sa voix me flatte.
Ah ! l'aimable automate !

JULIE.

Ah ! ma bonne, quel son !

<table>
<tr><td>

JULIE.

Ah ! l'aimable automate,
Il prononce mon nom !
</td><td>

FLORINA, LA VIOLETTE.

Ah ! l'aimable automate,
Il prononce son nom !
</td></tr>
</table>

LA VIOLETTE.

Interrogez-le donc.

FLORINA.

Mais, mais, parlez-lui donc.

JULIE, *à St. Cir.*

Apprenez-moi ma destinée :
Serai-je bientôt mariée ?
St. Cir... sera-t-il mon époux ?

St. C I R.

Oui.

J U L I E.

Sera-ce dans la journée?

St. C I R.

Oui.

J U L I E.

Ma bonne qu'en dites-vous?
Quoi? ce sera dans la journée,
Que j'aurai St. Cir pour époux.

St. C I R.

Oui.

J U L I E.

Ma bonne, qu'en dites-vous ?

E N S E M B L E.

J U L I E.	FLORINA, LA VIOLETTE.
Ah, ma bonne, qu'en dites-vous ?	Mais votre sort est des plus doux :
Avant la fin de la journée,	Avant la fin de la journée,
St. Cir deviendra mon époux.	St. Cir deviendra votre époux.

J U L I E, *à St. Cir.*

Ne verrai-je plus le jaloux?

St. C I R.

Non.

J U L I E.

Ma bonne, qu'en dites-vous?

E N S E M B L E.

FLORINA, LA VIOLETTE.	J U L I E.
Mais votre sort est des plus doux,	Sans doute, mon sort est bien doux,
Vous ne verrez plus le jaloux.	Je ne verrai plus le jaloux.
Avant la fin de la journée,	Avant la fin de la journée,
St. Cir deviendra votre époux.	St. Cir deviendra mon époux.

JULIE, *à St. Cir.*

St. Cir me fera-t-il fidele ?
Je l'aime, hélas ! fi tendrement ;
Pour lui ma flâme eft éternelle,
Puis-je compter fur fon ferment ?
Hein ?... Parlez ?... Sera-t-il fidele ?
Puis-je compter fur mon Amant ?
Répondez-donc ?... Ah, quel tourment !...
  (*A Florina*).
Ma bonne, il garde le filence ;
Il ne dit pas ce qu'il en penfe.

LA VIOLETTE.

Le grand reffort s'eft arrêté.
Mais quelle curiofité !
Je n'en vis jamais de pareille !

FLORINA.	ST. CIR, *bas à la Violette.*
Pourquoi vous affliger d'avance,	Hélas, je n'y peux plus tenir !
Votre amant connoît la conftance.	L'Amour, l'Amour va me trahir !
JULIE.	LA VIOLETTE, *à St. Cir.*
Ma bonne il garde le filence ;	Paix donc, gardez-vous de fortir,
Il ne dit pas ce qu'il en penfe.	Paix donc, le tuteur peut venir.

JULIE, *à St. Cir.*

Raffurez mon ame inquiette ;
Puis-je compter fur mon amant ?
Je l'aime, hélas, fi tendrement !

LA VIOLETTE.

Ma chere petite poulette,
Votre demande eft indifcrette :
Le grand reffort s'eft arrêté ;
Mais quelle curiofité !

Sᴛ. CIR, *voulant sortir.*	LA VIOLETTE.	JULIE & FLORINA.
Je n'y peux plus tenir,	Gardez-vous de sortir,	Je n'y peux résister,
Je brûle de sortir.	Le tuteur peut venir.	Il faut nous en aller.
	(*A Julie*).	JULIE.
Ah ! quel plaisir extrême	Ce n'est qu'une machine	Son silence me pique.
D'entendre ce qu'on aime,	Qui parle par routine.	FLORINA.
De lire dans ses yeux	(*A St. Cir*).	Le voilà qui s'explique :
Les transports amoureux	Gardez-vous de sortir,	Ah, vous pouvez rester.
Que j'éprouve moi-même,	Le tuteur peut venir.	Entendez-le parler.
Que j'éprouve moi-même.	(*A Julie*).	Le voilà qui s'explique,
	Ce n'est qu'une machine	Le voilà qui s'explique.
	Qui parle par routine.	

SAINT-CIR *ôte son masque & son casque, & sort précipitamment. Julie & Florina reculent épouvantées.*

Tendre Julie, reconnois ton amant qui te sera toujours fidele.

JULIE ET FLORINA.

Saint-Cir !

LA VIOLETTE, *reprenant son ton naturel.*

Oui ; & moi, la Violette.

JULIE, *bien tendrement.*

Est-il possible ? Saint-Cir !

FLORINA.

Les rusés ! quelle imagination leur est venue !

JULIE, *à Saint-Cir.*

Ah ! cruel ! pourquoi m'avoir laissé si long-tems dans l'erreur ? as-tu pu soutenir ce personnage ? voulois-tu m'éprouver ? n'es-tu pas sûr du cœur de ta Julie ?

DUO.

D U O.

J U L I E.

Pourquoi jouir de mon erreur ?
Je ne te croyois pas capable
De vouloir éprouver mon cœur.

St. C I R.

Julie appaise ta douleur :
Hélas! ton reproche m'accable,
Tes larmes me percent le cœur.

J U L I E.

Ingrat, que veux-tu que je pense ?
Je parle, tu ne m'entends pas :
Je n'éprouve que ton silence,
Et tu ris de mon embarras.

St. C I R.

Ma bouche gardoit le silence,
Mais mon cœur ne le gardoit pas.
J'étois bien sûr de ta constance,
Et j'allois voler dans tes bras.

J U L I E.

Je t'aime de si bonne foi !
Hélas, je suis si satisfait
Quand je te vois auprès de moi !

St. C I R.

Mon cœur ne desire que toi :
Hélas! mon ame s'inquiète,
Quand tu n'es pas auprès de moi.

ENSEMBLE.

JULIE.	ST. CIR.
Pourquoi donc affliger	Si j'ai pu t'affliger,
L'ame de ta Julie !	Oh, ma tendre Julie,
Ah! dis-moi, je te prie,	Pardonné je te prie.
Cette tendre Julie,	Oh, charme de ma vie!
Peux-tu songer	Qui moi songer
A l'affliger?	A t'affliger!

St. CIR.

Ah ! ne me gronde pas ; pardonne, chere amante.

FLORINA.

Oui, oui, on vous pardonne en faveur de l'adresse
que vous avez eue de vous introduire ici ; mais il
n'est pas tems de causer : considérez qu'Aladin ne
doit pas tarder à rentrer, & qu'il doit même amener
un Notaire pour passer son contrat avec Mademoiselle.

St. CIR.

Pour passer son contrat !

JULIE.

Je tremble !... ah ! Saint-Cir !

LA VIOLETTE.

Que vous êtes bons, mes enfans, de vous in-
quiéter ! Je prétends, moi seul, vous tirer d'embarras.
Allez, laissez-moi faire. C'est un bon homme, à qui
l'on fait accroire ce que l'on veut.

JULIE.

Ah ! mon pauvre la Violette, que nous t'aurons
d'obligations !

LA VIOLETTE.

Monfieur, rentrez dans cette boîte.

JULIE, *avec inquiétude.*

Pour vous en retourner ?

LA VIOLETTE.

Vous vous affligez trop vîte, ce n'eft pas pour cela, au contraire.

St. CIR.

Je t'entends : mais laiffe-moi, au moins, le plaifir de la voir un moment en liberté.

LA VIOLETTE.

Vous aurez tout le tems de vous voir ; mais fi le Tuteur revenoit, tout feroit perdu : allons, rentrez.

FLORINA.

Ah, bon Dieu ! je crois que le voici ; rentrez donc dans cette boîte.

LA VIOLETTE.

Allons, Monfieur, allons, dépêchez.

St. CIR, *rentrant.*

Mais, ma Julie....

ALADIN *appelle.*

Florina.

JULIE.

Ah ! Saint-Cir ! c'eft lui-même ; que vais-je devenir ?

ALADIN *appelle encore.*

Florina.

FLORINA, *à Julie qui veut se cacher.*

Ne bougez pas, restez-là, Monsieur, je suis à vous.

SCENE VI.

ALADIN, M. LE JUSTE, *un petit Garçon qui porte des tableaux ; les Acteurs précédens.*

ALADIN, *à Florina.*

TENEZ, prenez ces Tableaux que j'ai acheté ; posez-les quelque part & donnez de l'argent à ce petit garçon.

JULIE, *à part à la Violette.*

Ciel, voici le Notaire !

LA VIOLETTE.

Tant mieux, il nous servira.

FLORINA, *donnant de l'argent au petit garçon.*

Tenez mon petit bon homme, voilà pour vous.

SCENE VII.

Les Acteurs précédens.

ALADIN, *à Julie.*

VOUS voila donc, ma petite mignonne, qui serez bien-tôt ma petite femme.

M. LE JUSTE.

Quoi ! c'eſt-là l'aimable objet qui va vous donner la main ?

ALADIN.

Oui, M. le Juſte ; comment la trouvez-vous ?

M. LE JUSTE.

Charmante, en vérité : ſans doute elle vous
aime ?

ALADIN.

Belle queſtion ! ſon ſilence & ſa timidité me
l'ont dit mille fois, mais le mariage vaincra tout
cela.

LAVIOLETTE, *à part.*

Oui, oui, tu n'as qu'à t'y fier.

ALADIN.

Quel eſt cet homme-là ? (*A Florina*) Je vous
avois dit de ne laiſſer entrer perſonne. Que de-
mande-t-il avec ſa caiſſe ?

LAVIOLETTE.

Monſieur je ſuis.....

ALADIN.

Quoi, qu'êtes-vous ?

LAVIOLETTE.

Machiniſte, Monſieur, pour vous ſervir. Je viens
vous préſenter un Automate curieux.

ALADIN.

Oh ! oh, un Automate ! voyons. (*il tire le*
rideau). Comment ! il eſt d'une bien grande taille.

ALADIN.

De taille ordinaire, Monſieur.

B iij

JULIE, *à part à Florina.*

Je fuis toute tremblante, je crains. . . . .

FLORINA.

Ne craignez rien.

ALADIN, *confidérant l'Automate.*

Eft-ce vous qui l'avez fait?

LA VIOLETTE.

Oui , Monfieur , & je défie qu'on puiffe trouver fon femblable; il a fait l'admiration de toutes les femmes & de toutes les perfonnes qui l'ont vû.

ALADIN.

Vous voudriez le vendre apparemment?

LA VIOLETTE.

Oui , Monfieur , fi j'en trouvois un prix rai- fonnable.

ALADIN.

Faites le mouvoir.

LA VIOLETTE.

Je ferai plus , je vais le faire chanter.

ALADIN, *étonné.*

Chanter ! oh, cela n'eft pas croyable.

LA VIOLETTE.

Oui , chanter.

M. LE JUSTE.

Mais on n'a jamais vû d'Automate chanter.

LA VIOLETTE.

Je le fais, Monfieur, & c'eft ce qui fait le merveilleux du mien; il m'a coûté vingt ans de travail , j'ai épuifé toutes les reffources de la méchanique, & par un effort de l'art, je fuis parvenu à imiter la nature.

ALADIN.

Cela eft extraordinaire! Monfieur le Jufte, il faut que nous l'entendions. Voyons : faites-le parler d'abord.

LA VIOLETTE.

Il n'a pas, fi vous voulez, une converfation fuivie, mais il articule fort bien & fon organe eft flatteur. Quel nom voulez-vous que je lui faffe prononcer ? Le vôtre ? celui de Monfieur ou de Mademoifelle ?

JULIE.

Ah, faites je vous prie qu'il prononce le mien.

LA VIOLETTE.

Volontiers, comment vous appelez-vous ?

JULIE.

Julie.

LA VIOLETE.

Le joli nom, Julie! attendez. (*Il fait toujours femblant de tirer des cordons*).

Sᴛ. CIR *répete, & ajoute tendrement :*
Julie, ma chere Julie, hélas !

ALADIN.

Effectivement le fon de fa voix eft agréable; mais il me femble qu'il en dit plus qu'on ne lui en demande.

LA VIOLETTE.

C'eft que j'ai un peu trop forcé le reffort,

voulez-vous que je lui faſſe donner la main à Mademoiſelle, comme un amant à ſa maîtreſſe.

ALADIN.

Non, non, cela n'eſt pas néceſſaire ; je ne veux pas même qu'elle le voie d'avantage ; je m'apperçois qu'il lui cauſe de la frayeur.

JULIE, *avec timidité.*

Au contraire mon Tuteur, j'ai du plaiſir ; permettez que je reſte ici, je veux lui apprendre une chanſon.

ARIETTE.

Beau roſſignol !
Pour m'arracher à l'eſclavage,
Tu quitte ton bocage ;
L'Amour précipite ton vol,
Et te conduit près de ma cage ;
Que tes ſoins ſont merveilleux !
Du hibou, crains que les yeux
Ne reconnoiſſent ton plumage ;
Beau roſſignol ; tu t'es bien concerté,
Vîte, acheve ton ouvrage ;
Briſe la porte de ma cage,
Mets ta fauvette en liberté.

ALADIN, *riant.*

Que veut-elle dire, le Roſſignol, la Cage, la Fauvette, ah, ah, ah elle prend cela pour un oiſeau.

LA VIOLETTE.

La pauvre enfant, cela l'amuſe, laiſſez-lui

cette recréation, je vais le faire chanter, souffrez qu'elle l'entende.

    (Aladin paroît vouloir qu'elle sorte. La Violette fait toujours semblant de tirer des cordons).

St. CIR, *chante.*

Tendre fauvette,
Objet de mon amour,
Calme ton ame inquiette
Avant la fin du jour.
Tendre fauvette,
Tu seras satisfaite,
Nous jouirons des plaisirs les plus doux,
Et ton hiboux
Restera seul dans sa retraite.

JULIE.

Oh ! cela est trop charmant.

    (Aladin regarde Julie & paroît inquiet).

LA VIOLETTE.

Eh bien, Seigneur, qu'en dites-vous ?

ALADIN.

Votre Automate me surprend, mais sa chanson ne me plait pas. *(Il fait signe à Julie de s'en aller; Julie reste.*

M. LE JUSTE.

C'est une piece rare assurement : je n'ai jamais vu de machine aussi bien organisée, & je ne conçois pas comment l'art peut aller jusques-là.

LA VIOLETTE.

Ah! si vous saviez la peine qu'il m'a donnée...

A L A D I N, *à Julie.*

Sortez, vous dis-je, une fille la veille de son mariage , ne doit pas s'amuser à contempler un Automate; cela peut lui troubler la cervelle , & lui donner de mauvaises idées; ces amusemens sont bons pour nous autres curieux. (*A la Violette*). Je vois qu'elle brûle d'envie de s'en approcher , j'en avois un autrefois qu'elle a tout démentibulé à force de faire jouer les ressorts.

LA VIOLETTE.

Ah , Seigneur , les ressorts de celui-ci sont solides, laissez - la faire.

A L A D I N.

Allez, sortez ma petite reine, je vous rappellerai quand il en sera tems. Florina, conduisez-la dans sa chambre, je vous avais recommandé de ne pas la laisser sortir , ni parler à personne, mais vous n'en faites jamais qu'à votre tête.

F L O R I N A.

Eh , Monsieur, elle ne faisait que de descendre quand vous êtes rentré, mais après tout, pourquoi toutes les précautions que vous prenez , cela est inutile?

A I R.

Cet automate

Qui la flatte ,

Vous rendroit-il jaloux ?

Ma foi tant pis pour vous :

Car pour époux ,

Cet automate
Qui la flatte,
Lui vaudroit mieux que vous.

ALADIN.

Sortirez-vous babillarde, apprenez qu'à mon âge
on fait ce qu'on fait, & je vaux encore plus que
vous ne penfez.

FLORINA.

C'eft bien en vain
Que la vieilleffe
Donne la main
A la jeuneffe.
Tout le talent
De la vieilleffe ;
Sans l'agrément
De la jeuneffe,
Penfez-y bien,
Dans le mariage
N'eft bon à rien, &c.

ALADIN.

Mais voilà une furieufe langue ; fortez vîte
vous dis-je, & vous mon petit amour, n'écoutez
pas ce qu'elle dit, entendez-vous.

JULIE.

Je n'ai garde, mon Tuteur, je fais bien qu'en
penfer.

ALADIN.

La pauvre petite! allez, allez, dans un inftant
je vais vous faire revenir.

(*Julie & Florina, font des fignes en fortant à
la Violette, pour l'avertir de les tirer bien
vîte d'embarras*).

SCENE VIII.

ALADIN, M. LE JUSTE, St. CIR, LA VIOLETTE.

ALADIN, *à la Violette.*

Voyons que je confidere encore votre Automate; je veux vous l'acheter.

LA VIOLETTE.

Très-volontiers; j'aime mieux que vous l'achetiez qu'un autre.

ALADIN.

Combien en voulez-vous, là, en confcience?

LA VIOLETTE.

Sans marchander, je vous le laifferai pour douze cens piaftres.

ALADIN.

Comment, douze cens piaftres! c'eft diablement chere : qu'en dites-vous Monfieur le Jufte.

LA VIOLETTE.

Ah! que je connais de perfonnes qui en donneraient davantage!

M. LE JUSTE.

Je ne trouve pas que cela foit cher pour un curieux comme vous.

ALADIN.

Moi je trouve que c'eft beaucoup.

T R I O.

LA VIOLETTE.

Ce n'eſt pas cher
Sur ma parole.

ALADIN.

C'eſt m'écorcher
Sur ma parole.

M. LE JUSTE.

Allez mon cher,
Foi de Notaire
Ce n'eſt pas cher;
Faites affaire.

ENSEMBLÉ.

LA VIOLETTE.	ALADIN.	M. LE JUSTE.
Pas une obole	La piece eſt drôle,	Foi de Notaire,
A retrancher;	Mais c'eſt trop cher,	Ce n'eſt pas cher,
Ce n'eſt pas cher	C'eſt m'écorcher,	Allez mon cher
Sur ma parole.	Sur ma parole.	Faites affaire.

LA VIOLETTE.

Je ne ſaurois le donner à moins, mais puiſ-
que vous le trouvez trop cher, je vais le porter
ailleurs.

ALADIN.

Attendez, attendez... C'eſt pourtant bien cher;
quoi, vous n'en rabattez rien?

LA VIOLETTE.

Je vous l'ai déja dit, rien du tout.

ALADIN.

Eh bien, attendez un inſtant, (*il ouvre un*
ſecretaire). Voilà plus de la moitié de la ſomme,

mais comme je n'ai pas, pour le moment, tout cet argent chez moi, je vais chez mon Banquier. Pardon, M. le Juste, ne vous en allez pas.

M. LE JUSTE.

Faites, Seigneur, faites en attendant mon Clerc arrivera.

SCENE IX.

Les Acteurs précédens.

M. LE JUSTE, *s'approchant de l'Automate.*

Parbleu, cet Automate est singulier! C'est un homme, n'est-ce pas?

LA VIOLETTE.

Oui, Monsieur, c'est un homme.

M. LE JUSTE.

Pourquoi n'avez - vous pas fait une femme?

LA VIOLETTE.

Une femme , Monsieur ! mais vous n'y pensez pas : c'est cent fois plus difficile à faire qu'un homme : chaque ressort qui la compose est un ouvrage si délicat....

ARIETTE.

Ah! vous n'en avez pas d'idée!
Quand elle est bien organisée,
Sa tête seule est un trésor.
Son cœur est préférable à l'or.

Je n'eûs pu faire une femme automate.
Pour exprimer les doux fons de fa voix,
Pour imiter fon ame délicate,
De la Nature il m'eût fallu les doigts.

M. LE JUSTE.

J'aurois cru que cela étoit plus aifé. Quoiqu'il en foit, cette piece - ci eft d'un mérite rare.

LA VIOLETTE.

Oui, Monfieur, mais n'approchez donc pas de fi près, je ne vous réponds pas que quelque reffort ne puiffe fe détendre.

M. LE JUSTE.

Ne Craignez rien : je veux feulement l'examiner. Quel bois avez-vous employé pour le faire ?

LA VIOLETTE, *embarraffé.*

Quel bois, Monfieur ?

M. LE JUSTE.

Oui ?

LA VIOLETTE.

Oh, ma foi, j'en ai employé de mille fortes.

M. LE JUSTE.

Mais encore ?

LA VIOLETTE.

Premierement (*il héfite*) je me fuis fervi du bois .... dont on fait les flûtes.

M. LE JUSTE.

Je m'en ferois prefque douté : c'eft pour la tête fans doute ?

LA VIOLETTE.

Non, Monfieur, c'eſt pour le goſier : chaque partie
de ſon corps eſt compoſée d'un bois différent ; ſa
tête eſt de cedre ſurmontée de laurier.

M. LE JUSTE.

De laurier !

LA VIOLETTE.

Oui, Monſieur, de laurier.

M. LE JUSTE.

Et ſon corps ?

LA VIOLETTE, *héſitant toujours.*

Son corps eſt de… de bois de peuplier.

M. LE JUSTE.

De peuplier ! ce bois - là vient par - tout. Et ſes
bras ?

LA VIOLETTE.

Oh ! ſes bras ſont de chêne, ſes jambes d'ormeau,
& ſon cœur …

M. LE JUSTE.

Comment vous lui avez fait un cœur ?

LA VIOLETTE.

Oui, Monſieur, devinez de quel bois ?

M. LE JUSTE.

Que ſais - je ?… peut - être de liege.
(*St. Cir lui donne un ſoufflet*).

M. LE JUSTE.

Ahi !

LA VIOLETTE.

Qu'avez - vous donc, Monſieur ?

M. LE JUSTE.

M. LE JUSTE.

Vous avez lâché quelque reſſort.

LA VIOLETTE.

Eh, Monſieur, ne vous ai-je pas dit de prendre garde, que ſes bras étoient de chêne. Ce n'eſt rien; eh, bien devinez de quel bois eſt ſon cœur.

M. LE JUSTE.

De noiſetier ?

LA VIOLETTE.

Eh, non, Monſieur, de mirthe.

M. LE JUSTE.

Parbleu, je ſuis un grand ſot ! vous avez raiſon, c'eſt le bois de . . .

LA VIOLETTE.

De l'amour.

M. LE JUSTE.

Tout juſte, de l'amour : j'en ai dans mon jardin. Et . . . .

LA VIOLETTE.

Oh, ma foi, je ne peux pas vous tout nommer.

Sᴛ. CIR.

Je veux ſortir, je me laſſe de jouer un pareil perſonnage. (*Il ſort précipitament de ſa boîte, le Notaire jette un cri, & tombe roide de frayeur dans un fauteuil*).

LA VIOLETTE.

Que faites-vous? attendez. Voilà le Notaire évanoui.

SCENE X.

FLORINA, JULIE, *les Acteurs précédens.*

FLORINA *à la Violette.*

EH bien , où êtes - vous ?

JULIE, *appercevant le Notaire évanoui*
dans un fauteuil.

O Ciel ! qu'eſt - il arrivé au Notaire !

FLORINA.

Le Notaire , oh ! nous ſommes perdus.

Sᴛ. CIR.

Il s'eſt effrayé en me voyant ſortir de cette caiſſe.

LA VIOLETTE.

M. le Juſte , êtes - vous mort ? hein ? plaît - il ?
Répondez - donc ? Etes - vous mort ?

Sᴛ. CIR.

Quel expédient trouver pour le tirer de là ?

FLORINA.

Ah ! je n'en ſais rien. Mon Dieu , pourquoi ſor-
tiez - vous ſitôt auſſi , ſi Aladin revenait... tenez,
emportez - le vîte dans ce cabinet , nous lui donne-
rons du ſecours.

LA VIOLETTE.

Un moment... il me vient une meilleure idée ,
Monſieur , quittez ce domino.

Sᴛ. CIR , *le quittant.*

Que prétends - tu faire ?

LA VIOLETTE.

Mettre le Notaire dans la boîte.

St. CIR.

Allons donc, es - tu fou ?

LA VIOLETTE.

Mais c'est, Monfieur, le meilleur parti que nous
ayons à prendre.

M. LE JUSTE, *revenant de fon évanouiffement.*

Ciel ! où fuis - je !

FLORINA.

Ahi ! qu'eft - ce que j'entends.

M. LE JUSTE *fe regardant.*

Où donc eft ma perruque ?

St. CIR.

Raffurez - vous, Monfieur le Jufte, je vais vous
expliquer.

M. LE JUSTE.

Que vois - je, St. Cir ici ?

LA VIOLETTE.

Oui, Monfieur ; c'eft l'automate qui vous a caufé
tant de frayeur : nous vous avons cru mort, & nous
allions vous mettre à fa place.

M. LE JUSTE.

Eft-il poffible ! c'étoit vous ! mais pourquoi faites-
vous ce perfonnage ?

St. CIR.

Pour tromper Aladin ; apprenez que Julie eft mon
amante, & que pour l'enlever à ce jaloux, la Violette a imaginé ce que nous faifons.

M. LE JUSTE.

Je n'en puis revenir ! comment allez - vous faire pour fortir d'ici à préfent ?

St. CIR.

Je n'en fais rien : il faut que vous nous aidiez.

M. LE JUSTE.

Je ferai ce qui dépendra de moi. Donnez - moi donc ma perruque.

FLORINA, *qui étoit aux aguêts.*

O Ciel ! je crois que j'entends Aladin.

M. LE JUSTE.

Donnez - moi donc vîte ma perruque.

JULIE.

C'eft le Clerc de M. le Jufte.

SCENE XI.

M. GRATTOIR, *les Acteurs précédens.*

FLORINA.

AH ! c'eft M. Grattoir.

GRATTOIR.

Oui, Madame, à votre fervice. Mon parrain eft-il ici, j'apporte la minute d'un contrat de mariage, c'eft fans doute pour Mademoifelle ?

M. LE JUSTE.

Avez-vous laiffé les noms en blanc ?

GRATTOIR, *riant.*

Ah, ah, les bonnes mascarades ! est - ce que vous allez ce soir au bal, mon parrain, avec ces Messieurs?

LA VIOLETTE.

Non, M. Grattoir, nous n'allons pas ce soir au bal.

GRATTOIR.

Ah c'est la Violette ! oh la bonne figure ! & M. St. Cir, ah ! je vous reconnois tous.

M. LE JUSTE.

Silence, je vous défends de dire un mot (*à Saint-Cir*) Monsieur, vous me mettez dans un cruel embarras ; songez que ma fonction de Notaire...

LA VIOLETTE.

Si M. Grattoir vouloit se mettre là dedans.

M. LE JUSTE.

S'il le veut, j'y consens de bon cœur.

GRATTOIR, *riant.*

Oh, oh, très - volontiers, ah, ah, ah.

M. LE JUSTE, *à Grattoir.*

Donnez - moi cette minutte.

GRATTOIR.

Tenez, mon parrain (*à la Violette*) que faut - il que je fasse?

LA VIOLETTE.

On va vous en instruire, M. Grattoir : quittez votre manteau, donnez - le à mon maître : passez ce domino; mettez ce casque, (*à St. Cir*), vous, Monsieur, faites vîte, rabbattez ce chapeau.

C iij

GRATTOIR, *riant.*

Ah, ah, me voilà bien, oh comme je vais danfer.

LA VIOLETTE.

Oui, oui, on vous fera danfer, entrez là dedans.

GRATTOIR.

Dans cette boîte ! oh non : vous voulez me jouer quelque tour.

St. CIR.

Entrez donc, Monfieur, ne craignez rien, Aladin va revenir, il ne faut pas qu'il vous reconnoiffe, il s'agit de faire l'automate.

GRATTOIR.

Ah, ah, l'automate ! je ne faurai jamais faire cela.

LA VIOLETTE.

Eh, Monfieur, vous le ferez d'après nature ; entrez, (*Grattoir entre*), quand je ferai femblant de tirer des cordons, vous remuerez les jambes & les bras : tâchez feulement de ne pas remuer la langue mal à propos : vous ne parlerez que quand je vous ferai figne.

GRATTOIR, *leve un bras, une jambe,*
& les baiffe alternativement.

Fais - je bien ?

LA VIOLETTE.

A merveille !

GRATTOIR.

Ah, le bon tour ! M. St. Cir va donc faire le Clerc de mon parrain ?

LA VIOLETTE.

Oui, on vous inſtruira de tout. Vous, M. le Notaire, mettez ſur ce contrat le nom de mon maître.

M. LE JUSTE.

Songez pourtant qu'en conſcience ...

LA VIOLETTE.

Quel vain ſcrupule ! en ſerez-vous moins, M. le
Juſte.

JULIE.

M. le Juſte, je me jette à vos genoux, ce n'eſt pas
un crime que d'empêcher....

FLORINA, *aux aguêts.*

Pour le coup je viens d'entendre touſſer Aladin,
faites vîte.

M. LE JUSTE.

Eh bien, tranquiliſez - vous, laiſſez - moi faire.

FLORINA.

Le voici qui monte.

LA VIOLETTE.

Paſſez tous dans ce cabinet, laiſſez - moi ſeul.
(*Ils entrent dans le cabinet*).

GRATTOIR.

Ah, ah, je commence à comprendre...

LA VIOLETTE.

Taiſez - vous.

SCENE XII.

ALADIN, St. CIR, LA VIOLETTE.

ALADIN.

JE vous ai fait attendre plus que je ne croyois, mon Banquier n'étoit pas chez lui, il m'a fallu aller chez une autre perfonne pour emprunter cette fomme; la voilà bien complette; (*il lui donne des rouleaux*).

LA VIOLETTE.

Seigneur, voilà qui eft bon : je vous fouhaite le bon jour.

ALADIN, *l'arrêtant.*

Un moment, apprenez - moi la maniere de lui faire faire ce que je voudrai.

TRIO.
ALADIN.

Pour le faire parler,
Quel reffort faites-vous aller ?

LA VIOLETTE, *à part.*

Ah, voici bien le diable !

ALADIN.

Mais répondez-moi donc;
Ne tirez vous pas ce cordon?

LA VIOLETTE.

Pour le moment je fuis preffé,
De vous quitter je fuis forcé.

GRATTOIR, *bas.*

Ah, c'eſt un tour abominable,
Je meurs de peur d'être roſſé.

ALADIN, *étonné.*

Sa voix étoit plus agréable,
Quelque reſſort ſera caſſé.

LA VIOLETTE.

Il a beſoin d'être graiſſé.

GRATTOIR.

Ah, c'eſt un tour abominable,
Je meurs de peur d'être roſſé.

LA VIOLETTE, *bas à Grattoir.*

Maudit bavard, veux-tu te taire,
Je te défends de dire un mot.

GRATTOIR, *à la Violette.*

Dites-moi donc ce qu'il faut faire ?

LA VIOLETTE.

Tais-toi, dis-je, tu n'es qu'un ſot.

ALADIN.

Sa voix étoit plus agréable,
Quelque reſſort ſera caſſé.

LA VIOLETTE.

Il a beſoin d'être graiſſé,
Il a beſoin d'être graiſſé, &c.

N'y touchez pas, vous dérangeriez quelque choſe.
Je paſſerai demain dans la journée, nous démonte-
rons toute la machine. Adieu, Seigneur, je ne puis
m'arrêter davantage, d'ailleurs vous avez à faire vous-
même, votre Notaire . . .

ALADIN, *s'amuſant à tirer les cordons.*

Comment il eſt ſorti ?

LA VIOLETTE.

Non, Monsieur, il est chez vous.

ALADIN.

Où, chez moi ?

LA VIOLETTE.

Là dedans avec son Clerc.

ALADIN.

Je vais le trouver, mais auparavant mettez - moi donc plus au fait de cette piece, je tire tous ces cordons inutilement.

GRATTOIR.

Je remue pourtant assez les bras & les jambes.

LA VIOLETTE, *bas à Grattoir.*

Ah, taisez - vous donc. Je suis perdu.

ALADIN.

Ah, ah, il a parlé, je crois.

LA VIOLETTE.

Oui, Monsieur, vous vous mettrez au fait insensiblement.

ALADIN.

Voyons que j'examine le méchanisme de sa bouche.

LA VIOLETTE.

Eh, Monsieur, vous examinerez cela une autre fois, vous allez tout démantibuler.

ALADIN *lui met les doigts dans la bouche.*

Ahi! ahi!

LA VIOLETTE.

Qu'est - ce donc, Monsieur ?

ALADIN.

Au secours, M. le Machiniste, débarrassez-moi, la machine me coupe les doigts ; Florina, à moi, Florina ?

SCENE XIII & derniere.

M. LE JUSTE, St. CIR, JULIE, FLORINA, *les Acteurs précédens.*

FLORINA.

AH, Monsieur, qu'avez-vous donc.

JULIE.

Mon tuteur, que vous est-il arrivé ?

ALADIN.

J'ai voulu connoître la construction de la bouche de l'automate... M. le Machiniste, vous ne m'aviez pas dit qu'il avoit des dents, (*à part*), il m'a mordu jusqu'au sang.

FLORINA, *riant.*

Ah, ah, ah.

ALADIN.

Quoi donc, vous en riez ?

FLORINA.

Mais, Monsieur, la chose est assez plaisante.

M. LE JUSTE.

Il y a long-tems que j'attends, il se fait tard : j'ai des affaires : il faut que je sorte, M. le Machiniste voudra bien excufer : voilà votre contrat tout prêt, Mademoifelle brûle d'envie de le figner, venez combler fa joie , en le fignant vous - même.

ALADIN, *dans la plus grande joie.*

La pauvre petite ! oh va , ma reine , je vais te contenter. Tout eft en regle, n'eft - ce pas ?

M. LE JUSTE.

On ne peut davantage.

ALADIN.

Donnez, que je figne... à toi mignone.

M. LE JUSTE.

Signez auffi , mon Clerc , comme témoin. Voilà qui eft bon.

GRATTOIR.

Eft - ce fait ? moi je m'ennuie d'être là. Mon parrain fortirai - je ?

ALADIN.

Que dit l'automate ?

LA VIOLETTE.

Rien , ce font des refforts qui fe lâchent. Allons-nous en.

GRATTOIR.

Oh ! je vous fuis , je veux aller au bal , (*il fait des entrechats*).

ALADIN , *riant.*

L'automate danfe ! cela eft trop curieux. Oh , la drôle de machine.

GRATTOIR.

Machine, vous - même, vous êtes un vieux radoteur, un vieux fou. (*Il ôte fon mafque*).

ALADIN.

O Ciel qu'eſt - ce que j'entends ! Je ſuis trahi.
(*St. Cir ôte le manteau qui le déguiſoit*).
Que vois - je, St. Cir ici ?

Sᴛ. CIR.

Lui - même que vous venez de combler de joie,
en ſignant ſon contrat avec Julie.

ALADIN.

Je reſte confondu. Ah maudit Machiniſte !

LA VIOLETTE.

Seigneur...

SEPTUOR.

ALADIN , *ſe ſaiſiſſant de la Violette.*	Ah, le coquin ! le ſcélérat !
LA VIOLETTE.	Je ne ſuis rien de tout cela.
FLORINA & GRATTOIR, *rient.*	Ah, ah, ah, ah, ah, ah, ah, ah.
ALADIN.	Va tu ne m'échapperas pas.
FLORINA & GRATTOIR.	Ah, ah, ah, ah, ah, ah, ah, ah.
ALADIN.	Va tu ne m'échapperas pas.
Tous enſemble.	Ne faites point tant de tapage.
ALADIN.	Moi je veux faire du tapage.
JULIE, Sᴛ. CIR.	Venez à notre mariage.
Les autres.	Mais venez à leur mariage.
ALADIN.	Moi que j'aille à leur mariage.
ALADIN.	Oh ça, coquin, rend mon argent.
LA VIOLETTE.	Je vous rendrai tout votre argent.
Les autres.	Il vous rendra tout votre argent.
ALADIN.	Ou je t'aſſomme dans l'inſtant.
Les autres.	Ne faites point tant le méchant.

ALADIN.

Rends-moi, te dis-je, mon argent. Vous M. le Notaire, c'est donc ainsi que vous m'affassinez ? Je veux tous vous faire pendre.

FLORINA, *riant.*

Ah, ah, ah.

ALADIN.

Infâme forciere ! tu ris ! & toi petite ingrate, petit ferpent, je veux te faire mettre entre quatre murailles.

M. LE JUSTE.

Cela n'eft pas en votre pouvoir, modérez-vous ; la loi défend expreffément aux tuteurs de tyrannifer leurs pupilles. Vous vouliez l'époufer, un cœur ne fe donne point à la force. D'ailleurs votre âge.... vous auriez fait fon malheur, elle fera heureufe avec Monfieur.

St. CIR.

Oui, je ferai mon bonheur de lui plaire.

ALADIN.

Oh ! j'enrage ! je fouffrirois ?...

JULIE.

Mon cher tuteur, il le faut bien, puifque vous avez figné ; mais je ne vous en aimerai pas moins, au contraire, je me fouviendrai toujours de vos bontés, quittez donc votre colere, & embraffez-moi.

ALADIN.

Comme je me fuis laiffé berner ! j'avois la fimplicité de tirer les cordons.

GRATTOIR.

Ce n'eft pas ma faute au moins.

JULIE.

La Violette, rends - lui fon argent.

LA VIOLETTE.

Mais cependant...

St. CIR.

Rends - le, te dis - je.

LA VIOLETTE, *à Aladin.*

Tenez, Seigneur, vous devriez pourtant me ré-
compenfer....

ALADIN, *reprenant fon argent.*

Veux - tu t'ôter de mes yeux, infâme fcélerat,
(*à Julie*) petite perfide, va, je t'abandonne, & je
renonce à l'amour pour jamais.

FLORINA.

Ma foi, vous avez raifon.

 L'Automate,

VAUDEVILLE.

FLORINA, *à Aladin.*

ALADIN.

Jadis, pourtant, j'étois des bons;
On me citoit comme un prodige,
Et j'enflâmois tous les tendrons.
Le tems a détruit le preftige,
Et blanchis mes beaux cheveux blonds:
C'eft donc en vain que je foupire,
La fillette a raifon de rire.

St. CIR.

L'amour, tout exprès pour mon cœur,
A formé ma chere maîtreffe :
Chaque jour le parfait bonheur
Sera puifé dans fa tendréffe :

Sur-tout

Sur-tout ne crains point de rigueur,
Car l'Automate pour la vie,
Veut respirer pour sa Julie.

JULIE.

Je ne veux vivre, cher Amant,
Que pour te prouver ma tendresse ;
Mon ame t'en fait le serment :
Périsse plutôt ta Maîtresse,
Que de voir ton cœur inconstant.
Redis-moi donc : oùi, ma Julie,
Je t'aimerai toute la vie.

M. LE JUSTE.

Quand pour passer quelque contrat,
On vient trouver Monsieur le Juste ;
Si les parens font du sabat,
Je mets la paix & tout s'ajuste :
Quand j'ai mis fin à leur débat,
Je vois la fillette sourire
A l'Automate qui soupire.

GRATTOIR.

Lorsque je vois se présenter
Jeune fillette un peu jolie,
Qui demande à se marier,
Je quitte tout, je l'expédie,
Ma plume brûle le papier.
Mais paroît-il un vieux visage,
Ma plume tombe, adieu l'ouvrage.

LA VIOLETTE, *au Parterre.*

Messieurs, mon succès est certain,
Si l'Automate a su vous plaire ;
Mais les ressorts cessent soudain,

S'il fait fur vous l'effet contraire,
Prettez-moi donc un coup de main,
Et que votre indulgence éclate,
Pour ranimer mon Automate.

F I N.

J'ai lu par ordre de M. le Lieutenant-Général de Police, *l'Automate, Comédie en un acte, mêlée d'ariettes,* & je n'y ai rien trouvé qui m'ait paru devoir en empêcher la repréſentation ni l'impreſſion. A Paris, le 12 Mars 1781.

S U A R D.

Vu l'Approbation, permis de repréſenter & imprimer. A Paris, ce 12 Mars 1781.

LE NOIR.

De l'Imprimerie de VALADE, rue des Noyers.